내 어머니를 위한 연가 戀歌

배진욱
세번째 시집

케이-콘텐츠

시인의 말

수취인불명 편지를 보냅니다

보고싶고

그리웁고

사랑하는 어머니에게

                        24년 12월

                        배진욱

내 어머니를 위한

戀歌

배진욱 세번째 시집

케이-콘텐츠

차 례

시인의 말 3

제 1부 내 어머니를 위한 연가(戀歌) 11

꿈에　13
그녀가 아프다　14
내 어머니를 위한 연가(戀歌)　16
편지를 쓰고 싶다　18
콩국수를 먹으며　20
감자탕 집에서　22
어머니 기일(忌日)에　24
물망초　25
구절초　26
바나나우유　27
동백나무 한 그루 심은 날　28
어느 봄날 밤　29
할머니 전 상서 (1)　30
할머니 전 상서 (2)　32
할머니 전 상서 (3)　34
평상에 앉아 있으면　36
고해성사　37

제 2부 아내는 내 詩 은행이다 39

희망가 41
내 시의 통장은 아내이다 42
낮술을 마시며 44
시를 쓰며 45
시인은 46
울어라 자명고 47
꿈만 꾸는 시인아 48
언제쯤 49
시(詩)의 녹색 신호등 50
떠나보내고 오는 길 51
푸성귀 52
봄비 53
서점에서 54
베스트셀러를 꿈꾸며 55
두 번째 시집을 내며 56
나의 삶은 58

제 3부 그대에게 가는 길 59

시인의 길 61
그대에게 가는 길 62
나의 하루 64
인생이란 65
남문 거리에서 66
비망록 67
뻐꾸기 시인 68
돌잔꽃 69
깨꽃 70
밤바다에서 71
남해에 살고 싶다 72
빗소리를 들으며 73
나의 시여 74
노을 비치는 풍경 속으로 75
그곳에 가면 76
그대는 진정 사랑했었는가 77

제 4부 사랑을 잃고 우는 그대에게 79

사랑을 잃고 우는 그대에게 81
우리의 동화는 82
들꽃들의 이름으로 83
풀꽃 같은 삶 84
내가 슬픈 것은 85
뺄기꽃 86
어느 봄날 87
민들레 홀씨처럼 88
나이가 들면 들수록 89
참나리꽃 90
동백꽃 91
봄편지 92
키다리 아저씨는 이제 없단다 93
내 삶의 잔고가 줄어들면 94
어린 왕자에게 95
영화 '건축학개론'을 보고 96

제 5부 청춘사진관에 가면 97

당구장에서 99
나이를 먹는다는 것은 100
우리 탐이 101
청춘사진관에 가면 102
낙서를 보며 104
치과에서 105
불량품을 보며 106
나의 인생 107
장례식장에서 118
매미 110
순정만화 111
떠나보내며 112
소원 113
허언 114
고향(故鄕) 116
위안이 될 수 있는 시(詩) 118

에필로그 아들에게 119

제 1부
내 어머니를 위한 연가(戀歌)

꿈에

그리움도
보고픔도
세월 속에 희석되어 사라지는 시간 속에서
그대는 무슨 말이 남아
내게 오고 계시는 건지요

온 밤 소리도 없이 꽃이 지고 있는데
그대는 먼발치 달그림자로 나를 바라만 보다가
첫 새벽 꽃잎에 내린 이슬 되어 가시는 건지요

그대가 오시는 날이면
남겨둔 망울들이 봇물처럼 터지고 있는데
그대는 어찌하여 꿈결처럼 왔다가는
사라지고 있는 건지요

그녀가 아프다

그녀가 너무 아프다
숨 쉴 틈도 없이
뒤를 돌아보지도 않고
다른 곳을 쳐다보지도 않고
오직 한 길 만을 열심히 달려온
그녀가 이제 아프다

그녀가 화를 낸다
아무리 힘이 들어도
하늘 한번 바라보고
숨 한번 크게 내어 쉬며
씩씩하게 앞으로 달려가던
웃음으로 속울음으로 삶을 헤쳐나가던
그녀가 이제 화를 낸다

그녀가 이야기하고 싶다
아프면 아프다하고
힘들면 힘들다하고
괴로우면 괴롭다
무섭다 두렵다 말하며
힘든 지난 기억들 모두 지워버리고
화양연화의 날들만 꿈꾸고 싶지만
악몽처럼 반복되는 시간들
그녀의 슬픔들이 감춰둔 울분들이 터져나온다

그녀는 돌아가고 싶다
그 때로
파란 바다 물결치는 그 곳
도담도담 자라는 아이들과
야생마같은 남편이 함께 행복했던 그 시간들
점점 희미하게 지워지고 지워지는 그 시간으로
그녀는 돌아가고 싶다

그녀가 이제 이별을 준비한다
그녀가 없어도
세상 살아갈 수 있도록
험한 시간들을 헤쳐 나갈 수 있도록
단단히 연습시키며
이별을 준비한다

그녀의 아픈 어설픈 연기의 시간들은
나를 슬프게 하지만
나는 행복하다
그녀를 바라볼 수 있는 시간이 아직 나에게 있음에
나는 행복하다
나는 아직도 그녀가 필요하다

내 어머니를 위한 연가(戀歌)

일본으로 징용갔던
할머니 품에 안겨 현해탄을 건너왔던
어머니 생은
슬픈 노래였다

재취한 자리 아들 낳지 못한
가슴 속 한을
딸자식에게 모진 한풀이
작은 온 몸으로 맞으며
살아왔던 어머니

친척집 식모살이 눈칫밥을 먹다
고무공장 기술자라는 말에 속아
결혼을 했지만
지긋지긋한 가난을 벗어날 길이 없고
역마살 아버지의 변덕에
이삿짐 풀기도 전에 다시 이삿짐을 싸며
셋방살이 설움에 한숨만 내쉬고

올망졸망 자라나는 아이들
한 곳에 머물지 못하고
들쭉날쭉한 생활비에
봉지쌀 연탄 걱정 덜기 위해
먼지 같은 고무 가루를 다 뒤집어 쓰고
시작한 공장 생활

도시락 다 싸고 나면
모자란 아침은 커피 한잔으로 허기 채우고
새벽으로 밤으로 달려온 어머니

대학시험 보는 딸래미
미역국을 먹여 보낸 그 마음
누가 알았을까요
오래비도 못보낸 한스러움과
지긋지긋한 공장 생활 끝내고픈
어머니 절규였음을

하고 싶은 말도
가고 싶은 곳도
먹고 싶은 것도
다 하지 못하고
어머니가 즐겨 부르던 노래처럼
여자의 일생을 살다 가신
내 어머니

가파른 인생길에
지치고 쓰러지고 싶은 날에
나는
내 어머니 가쁜 숨비소리를 듣는다
내 어머니 죽비소리에
다시 일어나 아침을 맞는다

편지를 쓰고 싶다

어느 날 있었습니다
곤궁한 어느 삭월세 자취방 연탄불도 꺼진
차가운 방바닥 냉기를 잊고
따뜻한 잠을 잘 수 있는
그런 밤 있었습니다
그것이 무엇일까요?
맞춤법도 띄어쓰기도 없는 한 통의 편지
내 생의 처음이자 마지막 받은 그 편지
우리 엄마 편지였습니다
세상살이 돌고 돌아 잃어버린
그 편지
읽고 또 읽고
보고 또 보고
손때 묻고 색이 바란
흐릿한 그 기억 속에 살아 숨 쉬고 있는
그 글자들
퇴로가 보이지 않는
캄캄한 어둠 속 막다른 인생길에서
엄마의 편지는
빛이 되고 희망이 되어
세상에 다시 나갈 수 있는 힘이 되었습니다

세월이 흘러
내가 엄마의 나이가 된 지금
나도 그 편지를 쓰고 싶다
맞춤법도 띄어쓰기도 없는
보고싶고그리웁고사랑하는엄마에게

콩국수를 먹으며

어김도 없이
틀어짐도 없이
코로나 19 시절이 와도
계절은 쉼없이 돌고 돌아
콩국수를 먹는 시간이 오면

나는
어린 시절
아침마다 선잠을 깨우던
삶을 갈고 또 갈아
콩국수를 만들어 마시고
힘겨운 걸음을 옮기던
내 어머니 낯익은 발자국 소리
그 소리를 듣는다

자식들과 남편의 하루의 삶을 위해
도시락을 싸고 또 싸다 보면
남겨진 양식이
하나도 없음에
허기를 달래기 위한 어쩔 수 없는 선택임을

내가 어머니 그 나이가 되어
이제야 알게 된다

한톨한톨
봉지쌀을 팔아 하루를 살아야 하는
현실과
월급날은 아직 아직 멀고
장판 속에 묻어둔 천원짜리 몇 장 남은 생활비 앞에
콩국물로 아침을 대신해야 했던
어머니 그 아픈 시간들

콩국수를 먹는 계절이 돌아올 때면
어머니 그 슬픈 시간들이
가슴이 저려올 만큼 그리워져
콩국물 같은 눈물이
가슴 속 깊이 흘러내린다

감자탕 집에서

어느 가을날 이었습니다
치매로 점점 기억을 잃어가시던
어머니를 모시고 감자탕 집에 갔었습니다
어린 시절
아주 특별한 날에만 먹을 수 있는
고깃국을 먹는 날이면
항상 속이 아프시다며
고기건더기를 덜어내고
멀건 국물만을 마시던 어머니

감자탕 속의 고기를 처음 드셔보신다는 듯이
맛있게 드시는 어머니를 보며
앞으로 자주 모시고 와야겠다는 다짐과 약속을 했지만
점점 흐릿해져 가는 엄마의 기억처럼 사라져 갔고
쓸쓸한 어느 가을날의 바람처럼
어머니는 홀연히 떠나시고 말았습니다

그 뒤로 감자탕을 먹을 때면
어머니 모습이 자꾸 떠올라
차마 고기를 먹지 못하고
술로 그리움을 삼켜내는 내가 너무나도 안쓰러운지
내 삶을 보듬듯이

뼛속 사이사이 감춰진 살을 발라내 주고 있는
아내를 볼 때면

마치 어머니가 환생한 게 아닌가 하는 착각을
종종 하게 되었습니다

어머니 기일(忌日)에

또 1년이 훅 지나갔네요

살아 있는 자식들이
어머니의 기일에
이렇게 만날 수 있는 것은

어쩌면 뿔뿔이 흩어져 사는 자식들을
일 년에 한 번씩 만날 수 있게 하려는
어머니의 숨은 뜻이 아닐는지요

7년 전 무덤가에 심어 놓은 나무의 나이테처럼
어머니에 대한 그리움과 사랑이
내 얼굴의 주름과
내 머리의 흰머리로
쌓여가고 있네요

물망초

잊지는 말아주세요
나를
우리가 함께 했던
수많은 일출과 일몰의 시간들을

그리고 기억해 주세요
내가 그대에게
다시 돌아오는 그날까지

그대는 알 수 없지만
그대는 볼 수 없지만

어느 먼 하늘 아래
날숨과 들숨을 함께 하는
나와 그대 있음을

구절초

아홉 마디마다 줄기마다
설움과 한으로 피어나는
구절초는 참 아픈 꽃이다

옛날 전설 속에
아픈 아이를 위해
신선이 어미에게 알려주었다는 꽃

들녘 이곳저곳을
흐드러지게 피어도
아무도 그 이름 알지 못하고
들국화로 불리던 꽃

가을이 오면
구절초 같은 삶을 살다 떠나신
어머니 생각에
구절초 꽃을 방에 꽂아놓고
나는 잠을 이루지 못한다

바나나우유

바나나우유를 마실 때면
자꾸 트림을 한다

내 어린 시절
공장에 다니시던 어머니는
일요일 저녁이면 나를 성당으로 부르셨다

삶에 지친 일상이 끝나고
잠시만의 위안받고 싶은
어머니의 그 간절한 기도는
나의 코를 고는 소리와 함께
끝나고

집으로 돌아오는 길에
내게 사주시던 노란 바나나우유
궁핍한 살림살이에
나를 위한 어머니의 큰 사랑임을

바나나우유를 마실 때면
어머니 사랑이 목에 걸려
자꾸자꾸 트림만 한다

동백나무 한 그루 심은 날

동백꽃을 너무 좋아하던
울 엄마를 생각하며
'남해' 집 뒤뜰에
동백나무 한 그루를 심은 날

하늘나라 별이 되신 울 엄마가
그날 밤 꿈속에서
동백꽃으로 활짝 피어
'남해' 집 뒤뜰에
그리움의 향기로 진동시켰다

어느 봄날 밤

사락사락 싸리눈 처럼
소리도 없이
감꽃이 떨어지는 어느 봄날 밤

노오란 감꽃으로
그리움들이 내 가슴에 내려
나를 잠 못 들게 하는지

밤은 점점 깊어가고
감꽃이 온 마당을 노랗게 덮어
새벽별이 빛날 때
어스름 어둠 속에서 나를 반기는
그리운 얼굴들에 취해
꿈을 꾼다

감꽃처럼 흩날리는
보고 싶은 얼굴들 중
사랑하는 어머니의 향기가
새벽별처럼 빛나는
어느 봄날 밤

할머니 전 상서 (1)

그리운 할머니
가을입니다

낙엽이 하나, 둘 거리에 날리고
스잔한 바람이 불어오네요
지금쯤
앞마당 감나무 끝에는 빠알간 홍시감 매달려 있고
뒷 뜰 무화과 열매는 입을 쩍 벌리고
할머니가 나를 기다리던 시간보다
더 오랜 시간을 기다리고 있겠지요

뒷 산 밤나무 상수리나무 아래에서
새앙쥐 같은 다람쥐들이
부지런히 다가올 겨울을 준비하고
추수 끝난 들판에
덩그라니 남겨진 허수아비 쓸쓸한 웃음 뒤로
모두가 돌아간 학교 운동장 한 켠에
타닥타닥 낙엽 타는 소리에
가을이 다 지나가듯

어두운 길 돌아오는 할머니 기다리던
커다란 눈에 겁 많던
치마꼬리 붙잡고 숨바꼭질 하던 아이가
당신 곁을 떠나 온 지도
강산이 두번 변하는 세월이 흘러
굽어진 당신 허리만큼
성큼 커져 버려
당신이 기다림에 지친 시간만큼
떨어져 잊고 지내 왔습니다
일년에 한 두번 으레 찾는 명절 인사
마지 못해 하는 전화 한통으로 대신 해버린
당신 사랑에 대한 철부지기 응석
해가 가면 갈수록 여위어 가고
카랑카랑 목소리 힘을 잃어가며
날랜 걸음 한 걸음 한 걸음 느려지다가
가슴 속에 쌓인 한들이 응어리되어
병석에 누워 버린 당신

할머니 전 상서 (2)

보고 싶은 할머니
이제야 당신을 생각합니다
젖은 가슴 울대를 터뜨려
당신에게 다가갑니다
지난 시간 당신과 나 사이에 흐르던
그 눈물의 강을 다시 건너봅니다
젖먹이 키우며 흘리시던 눈물에서
모든 기억 놓아버리시고
아무 말도 못하고 내 손 잡으며 흘리던 그 눈물
하얀 병실에 당신 남겨놓고
도망치듯 돌아오며 훔치는 눈물까지
고통과 괴로움을 잊고자
들이붓는 술 잔에는
당신 모습만 어리고
슬픔은 녹아내리지 못하고
내 가슴에 틀어박혀
억수같은 장마비되어 흘러내리고
이 삭막한 도시 어디에도
아픔을 피할 곳 없고
자주 찾아뵙겠다는 지키지 못할 약속
초라한 당신 모습

고통 속에 찌그러진 그 얼굴
차마 볼 수 없다 핑계로 대신하고
되돌아 오는 작은 아픔과 괴로움 싫어
치유할 수 없는
마음의 불치병을 끌어안고
비틀비틀거리며 이곳 저곳을 헤매며
꿈 길 속에서 당신을 찾습니다

할머니 전 상서 (3)

사랑하는 할머니
당신은 내 마음의 고향
마르지 않는 내 詩의 샘물입니다
원하는 모든 것 다 주시고
마지막 남은 한방울 사랑까지 주신 당신
언제나 받을줄만 알고
무엇 하나도 제대로 드리지 못한
부끄러움과 죄스러움
무엇으로도 대신하지 못하고
당신께 이 글을 올립니다
누운 자리 툭툭 털고 일어나
카랑카랑 목소리로
"장가도 못 가는 이 못난 놈
니 놈 장가 안가면, 억울해 내 눈 못 감는다"
호통도 치시고
당신 손길 기다리는
마당 텃밭 오이, 호박, 무우, 배추까지
새 봄이 오면 활짝 피어날
울타리 넝쿨 장미꽃
앞 뜰 나리꽃, 국화꽃처럼
건강한 당신 모습을 그려봅니다

포근한 그 품에 안겨

엉엉 울음도 실컷 울어 보고

당신을 등에 업고

덩실덩실 춤도 추며

함께 있고 싶습니다

할머니 당신은

험하고 어려운 힘든 세상

길을 밝혀주는 등불이며

세상에서 어느 누구보다

내가 제일 사랑하는 사람입니다

건강히 오래오래 제 곁에 있어만 주세요

사랑합니다

할머니 당신을

평상에 앉아 있으면

평상 그늘에 앉아 있으면
나는 아이가 된다

감꽃을 배부르게 주워 먹고는
할머니의 마른 젖가슴을 만지며
퉁퉁탕탕 지붕 위로
익지 않은 어린 감들이
떨어지는 소리를 자장가 삼아 잠이 들던
어린 시절이 아련히 떠오른다

요술을 부리듯
어린 감을 홍시로 만들어 내어주시던
할머니가 보고 싶을 때면
평상에 앉아
홍시처럼 그리움이 익은
그런 시를 쓰고 싶다

삶이 밋밋해질 때마다
할머니의 홍시를 떠올리며
어린시절의 평상 같은
그런 시를 쓰고 싶다

고해성사

나는 내 어머니에게
참 나쁜 아들이었다

어쩌면
안 보려고 하였는지도 모르지만
마지막 모습도 볼 수도 없었고
어머니 살아 생전
사랑한다는 말 한마디 하지 못하였고
어머니가 왜 슬퍼하시는지
그 울음의 의미조차 알려고도 하지 않았다

하룻밤도 곁에서 함께 하지 못한
참 나쁜 아들이라는 죄책감에
어머니 영전에 용서를 빌고 또 빌고
고해성사를 드렸다

제 2부
아내는 내 詩 은행이다

희망가

내가 죽어 다시 태어날 수 있다면
나는 꽃이 되고 싶네

당신이 제일 좋아하는 꽃 이름으로
나 다시 이생으로 되돌아올 수 있다면
당신이 외로워할 때마다
나의 온 생과 눈맞춤 할 수 있는
꽃으로 피고 싶네

나의 온 생을
사랑의 향기로
당신의 일생과 입맞춤 할 수 있는
꽃으로 피고 싶네

내 시의 통장은 아내이다

통장이 필요해 은행 창구에 갔다
형광펜을 따라 차례차례
알려주고 싶지 않은 비밀과 치부를 드러내다
문득 심각한 고민에 빠진다
직업?
누군가의 도움 없이 먹고 살기 위해 하는 일
한참을 생각하다
큼지막하게 시인이라 쓰고 슬며시 서류를 내밀었다
타닥탁탁 자판소리와 함께
살아온 내 시간의 흔적에 관심없는
은행 직원 손끝이 멈추어진 순간 정적이 흐른다
익숙하지 않은 단어일까
세상이 만들어 놓은 키워드에 없는 것일까?
내 직업을 되묻고 동물원 원숭이 보듯 바라보는
슬픈 눈길을 피해 고개를 돌려
세상을 다시 본다
차는 달리고 사람들도 이리저리 모두들
초고속 6G 시간들을 살고 있는데
나만 혼자 외톨이가 된다
돈도 밥도 되지 못하는 시를 쓰는 시인
시를 쓰지 못하는 나에게
한 편의 시를 쓰면

원고료를 주겠다는
아내의 협박성 청탁을 받아
적금을 붓듯 시통장을 만들어
시집을 낼 수 밖에 없는 슬픈 현실
나의 소박한 꿈은 산산이 부서지고
내밀던 서류를 낚아채듯 돌려 받고
황당해 하는 직원에게
미안해요 고마워요 쓴 웃음을 날린다
오늘은 아내에게 원고료 받을 수 있다는
기쁨에 내 발걸음이 벌써 빨라진다
시같은 시를 보여달라는 잔소리 같은
핀잔에 내 귀가 벌써 가렵다
시통장이 없어도 나는 시집을 낼 수 있다
한 편의 시를 쓸 때마다
원고료를 입금해주는
아내가
유일무이한 나의 시 은행이다

낮술을 마시며

한동안 시를 쓸 수 없어
낮술을 마신다

첫 잔은
나를 두고 가버린 형을 생각하다가
그 다음 잔부터는
연속해서 마지막 말 남기지 못한 채
너무 빨리 떠나버린 어머니가 보고 싶어
술을 마신다

그리고는 낮술에 취해
생전의 어머니와 함께 있는 듯
단꿈에 빠진다

꿈속에서 나와 함께
그리움을 마시고 있는
형과 어머니

시를 쓰며

무릇 시인은 세상의 아픔을
절절이 가슴으로 안고
그 슬픔을 삭이고 삭여
속울음으로만 울고 또 울며
그 슬픔을 기쁨으로 치환해
세상에 상처받은 그 누구를 위해
잠시만의 위안과 위로를 줄 수 있어야 하는
운명을 숙명으로 받고 살아야 하는 인생이기에

득음하기 위해서는
가슴 속 멍에를 피 울음으로 토해 놓아야
명창의 첫걸음이 될 수 있듯이
치유하는 노래를 불러야 하는 것이기에

날마다 시를 득음하기 위해
세상의 아픔을 몸으로 체득해보지만
치유의 노래가 되지 못한 채
쓰는 시마다 탁음만 들리고 있는
나의 시

시인은

시인은 참 자유인이 되기 위해
아파야 합니다
슬픔을 함께 해야 합니다
외로움을 함께 해야 합니다
괴로움을 함께 해야 합니다
사욕을 비워야 합니다

절망의 끝에서 슬픔을 기쁨으로
괴로움을 즐거움으로
행복이 실개천처럼 흐를 수 있도록
세상을 희망으로 바꿀 수 있는
시의 제시어가 될 수 있는
사람이 되어야 합니다

울어라 자명고

시인아 너는
시의 자명고 떨림을 느낀 적이 있는가
속에서 울고 또 울며
감당할 수 없는 그 울음 같은
절규의 노래를 들어본 적이 있는가

한 단어, 한 줄, 한 연, 줄 바꿈을
몇 날 몇 년을 자명고의 떨림처럼
불면의 밤을 지새우는 시인아

바라고 또 바라노니
한 사람을 목숨처럼 사랑하다
죽어가는 낙랑의 마지막 노래 같은
시가 되어
자명고의 울림처럼
세상 널리 퍼져 나갈 수 있기를

시인아
낙랑과 호동의 슬픈 사랑의 노래를
자명고의 떨림처럼
울리고 있는 시인아

꿈만 꾸는 시인아

시인이라는 이름을 써놓고
밤을 새워 우는 풀벌레도 될 수 없는 시인아

너의 이름이
시인이라는 이름으로
풀꽃 들꽃처럼 만발하길
꿈만 꾸는 시인아

너의 삶이
단 한 번만이라도 연탄불처럼 뜨겁고 고추처럼 매운 적 있었던가

시인아
시인아
시를 흉내만 내는
앵무새가 되어버린 시인아

언제쯤

흐르는 것이 어디 물뿐일까요
그리운 것들은
언제나 멀리서 시가 되어
흘러 흘러온다는데
나는 언제쯤
일상이 그리움의 시가 되어 흐르는
삶을 사는 시인이 될 수 있을까요

시(詩)의 녹색 신호등

요즘 길을 나설 때면
나는 가는 길 마다
낯선 곳의 이방인이 되어
깜박깜박 경고등 표시 앞에 멈춰
사방을 두리번 두리번거리는 데 반해
내가 아는 사람들은
녹색 신호만을 받아
저만치 멀리멀리 달려가고 있는 것을 보면

세상을 살아갈 나의 시간들이
랜선을 타고 온 바이러스에 감염되어
방향을 잃어버린 것이 아닐는지

젊은 날의 환상적 무지갯빛으로
다양한 스펙트럼의 삶을 살 수 없겠지만
온몸을 던져 방전된
내 삶의 시간들을 충전하여
詩의 녹색 신호등을 밝힌다

떠나보내고 오는 길

생채기 난 마음이야 아물면 그만이다
당신과의 추억을 꼭꼭 눌러 담아
바닷 속 깊이 던져두고 오는 길

바다가 제 몸을 뒤척거릴 때마다
내 안에서 회한의 바람이 우우우 불어오고
쉬지 않고 일렁이며 파도치는 저 바다

푸성귀

봄빛이 물씬한 상머리에 앉아서
맛깔스런 나물 골라 입안 가득 넣으면
푸성귀 향긋한 냄새 고향까지 번지리.

봄비

가지 끝 꽃망울이 처녀막을 터뜨릴 때
후드득 빗방울에 스러지는 저 백목련
언제나 느닷없어라, 숨을 쉬는 날들은.

서점에서

시가 너무 쓰기 어려운 날
읽을 만한 시집을 찾아보려고 서점에 갔다

돌고 돌아
구석진 한 귀퉁이에 팽개쳐 있는 시집들을 보며
한 권의 시집을 내기 위해
처절했던 몸부림의 언어들을 생각하면서
시집 한 권 한 권을 집어들 때마다
마치 전기에 감전된 듯
몸에 짜릿짜릿 전율이 흘러
나는 서점 한구석에 처박힌 시집들을
마음으로 감싸 안으며

나의 시집은
단 한 사람에게 만이라도 사랑받는
시집이 되었으면 여한이 없겠다는
바람을 해보았다

베스트셀러를 꿈꾸며

베스트셀러를 꿈꾸며
세상에 내놓았던 나의 시집이
되돌아와 먼지에 잔뜩 쌓여있다

시가 사람에 점점 잊히는
시대라 체념하지만
시를 쓰기 위한 그 시간을 생각하면
속이 상하고 맘이 아프다

우리나라 시인들이 만 명은 넘는다는데
그 시인들이 한 권의 시집을 사주기만 하면
베스트셀러가 되지 않는 시집이 없어
시인이 맘껏 시만 쓰고 살 수 있는
세상이 될 수 있을 텐데

한 달에 한 권의 시집도 사지 않고
한 권의 시집도 읽지 않는
나의 괜한 푸념이 부끄러워
인터넷에서 시집을 주문하며
그 시집들이 베스트셀러가 되기를
염원해본다

두 번째 시집을 내며

시인은 시의 집을 짓는 사람
첫 집을 짓고 너무 많은 시간이 지났다

집을 지어 놓고 돌보지 않아
물이 새고
숭숭 나버린 구멍 사이로 바람이 들락날락거리더니
벽도 무너지고 지붕도 날아가
아무도 찾지 않는 폐가처럼 버려진
세상 구경을 위해 떠돌고 떠돌다 되돌아온 나의 집을
바라보며

쓰러진 기둥을 다시 세우고
허울로 가득한 마음의 때를 벗겨내고 벗겨내며
상처뿐인 지난 시간의 삶을 돌아보며
부수고 다시 세우고
세우고 다시 부수기를 반복하면서
날아가 버린 시어로 지붕을 새로 만들고
벽체를 세워 그런대로 모습을 갖춘 나의 두 번째 시집을
스쳐 지나가는 사람들이 이게 무슨 집이냐고
비아냥거릴까봐 두려움도 있지만
나처럼 세상살이에 상처받은 사람
비바람 잠시 피하며 지친 하루를 쉴 수 있는

그런 집이 되었으면 좋겠다는 바람을 해본다

그들의 눈물과 웃음이
내 마음으로 들어와
새로운 집을 짓는 힘이 되었으면 좋겠다는
간절한 바람을 해본다

나의 삶은

나의 삶을
리트머스용액에 담그면
어떤 색깔일까

산성일까
알칼리성일까
아니면 알 수 없는 중성일까

지금껏 살아온 나의 삶은
그저 남의 눈치를 보며
나의 색깔을 감추어둔 채
살아가기 위한 무채색으로
적당히 섞어져 사는 빛깔은 아니었는지

이제 나는 산성도 알칼리성도 아닌
오로지 나의 색깔을 가진
서쪽 하늘의 고운 노을빛으로
삶을 살다 가야겠다

제 3부
그대에게 가는 길

시인의 길

시인은 무릇 가슴이 아파야 한다는데
가슴이 아프지 못한 나는
시를 쓸 수가 없네

시인은 순수해야 한다는데
세상 욕망에 더럽혀진 나는
영혼의 울림을 노래할 수가 없네

시인은 늘 깨어
새로움으로 세상을 보아야 한다는데
다람쥐처럼 쳇바퀴만 돌고 있는 나는
새로운 발상과 사유를 할 수가 없네

언제쯤이면 제대로 된 시를 쓸 수 있는
시인의 길을 걸어갈 수 있을는지

시인의 길이 숙명의 길이어야 한다는데
아직도 나는 시가 목숨처럼 절절하게
다가오질 않네

그대에게 가는 길은

그대에게 가는 길을 묻습니다

그대에게 가는 길은
몇 번 버스를 타면 갈 수 있나요?
몇 호선 전철을 타야 하나요?
그 길을 묻고 또 물어도
아무도 알려 주지 않네요

함께 나눈 그 많은 이야기들과
웃고 울고 떠들고 취해 비틀거리던
그 길거리와 그 술집들
이제 흔적도 없이 사라져버린 지금
어디에 가면
그대를 만날 수 있을까요

그때에는 참 몰랐습니다
그대가 있어
내가 참 행복했음을

돌아갈 수 없는 그 길을 돌고 돌며
사람들을
만나고 또 만나도

누구도 근황과 안부를 묻지 않고
그대를
기억조차 하지 않네요

이제는
인터넷 선을 타고 내려오는
흔적으로만 남아 있는
화석이 되어 버린 그대

오늘도
나는 묻고 또 묻습니다
그대에게 가는 그 길을

나의 하루

나의 하루를
죽을 힘을 다해 팔아야
하루하루를 살아갈 수 있다 보니
꿈과 소망을 저축했던
지난날의 삶의 통장이
점점 빈 잔고가 되어가고 있는지

내 삶의 시간을 채찍질하며
죽을힘을 다해 나를 팔아보지만
발버둥치면 칠수록
자꾸만 빈 통장이 되어가고 있는
나의 하루

인생이란

그대는 아직도 꿈을 꾸고 있는가?
저 떨어진 나뭇잎처럼

인생이란 살아가면 갈수록
제 빛깔과 향기를 잃어버리고
무채색 수묵화 풍경으로 남아
닳아버린 삶의 추억만을 남기고 떠나야 하는 것을

빛바랜 사진 속으로 사라져 가듯
어느덧 봄여름 가을이 지나가고
겨울을 맞고 있는 그대여

남문 거리에서

아주 오랜만에 남문 거리에 나왔다
이 거리에 쌓여있는 많은 추억들을 찾아
이곳저곳을 돌아다녀 보지만
그때의 추억과 흔적들이 모두 사라지고 없어
마음이 안타까웠다

밤을 새워 소주잔을 기울이며 문학과 시를 이야기하던
파전과 동그랑땡 골목을 비롯하여
가을이 되면
밤을 새워 그림을 그리고 시를 쓰며
시화전을 열었던 백화점 문화센터 전시장도 없어지고

술에 취해 부르던 노랫소리와 함께
그곳을 떠돌던 우리들의 청춘의 시간들이
가을 낙엽처럼 사라져간 남문 거리에는
오로지 문학을 잃어버리고 사는
생활인이 되어버린 슬픈 자화상만이
거리를 걷고 있는 것 같았다

비망록

어떤 사람들은
내가 사는 삶을 우습게 보고
어떤 사람들은
현실을 직시하지 못하고 꿈만 꾸고 산다고
바보스러움을 비웃기만 하고
죽을 듯이 매달리고 살아가는
돈도 되지 않는 詩와 文學을
진부하다 재미없다 짜증난다며
수근대지만
조금도 개의치 않는 나는
스스로 내 시의 최애의 독자되어
속 깊은 울음과 슬픔을 시 속에 녹여 가며
쉼 없이 내 인생의 비망록 같은
시를 쓰고 있는 나의 운명이여

뻐꾸기 시인

언제부터인지 몰라도
내 마음속에 한 마리 작은 새가 살고 있네요
기쁠 때나 슬플 때나
괴로워 울고 싶을 때나
웃고 싶을 때에도
늘 나와 같이 내 마음속에서 울고 있는
파랑새라고 부르는 그 새는
날마다 날마다 새로운 알을 낳아
사람들에게 희망과 행복과 기쁨을 선물하라고
울고 울며 노래하지만
나의 시는 뻐꾸기를 닮아 가는지
아무리 품고 품어보아도
둥지를 만들 수 없는 시를 쓰고 있는 나는
파랑새가 될 수 없는
뻐꾸기 시인

돌잔꽃

뽑아도 뽑아도 다시 자라나고
밑동을 싹둑 잘라내도 다시 피는
돌잔꽃이란 예쁜 이름을 놔두고
'망할 놈의' 꽃이라고 부르게 된
개망초 꽃을 바라보고 있노라면

돌잔꽃 묵정지 가득 피어
피고 지고
지고 피듯이
세월이 흐르면 흐를수록
떠나간 사람들이
더욱 새록새록 간절한 그리움으로 떠올라

돌잔꽃 피듯이
그리움의 꽃밭이 되고 있는
내 맘 묵정지

깨꽃

나의 詩가 깨꽃이 될 수 있다면
얼마나 좋을까 생각합니다

깨알 같은 삶의 힘든 시간들을
하나하나 생동감 넘치는
생명의 꽃으로 피우고는
생의 열매를 맺어
고달픈 사람들의 삶의 입맛을
고소함으로 되살아나게 하는
詩가 될 수 있다면
얼마나 좋을까 생각합니다

밤바다에서

어두운 밤바다
등불 하나 켜놓고
귀향지를 찾지 못하는
돛배 같은 내 마음

바람 따라 구름 따라 흘러가다
멈추는 그곳에서
닻을 내리고
해돋이가 떠올라
금빛 바다가 될 때까지
어두운 밤바다 같은
외로움을 씻고 있는
내 마음

남해에 살고 싶다

나를 괴롭히는
수다스러운 세상살이 모든 말들
닫아버리고
남해에 살고 싶다

잔잔하기 그지없는 남해바다의 푸른 물멍에 빠져
쉼 없이 남해바다의 입술에
입맞춤하기 바쁜 갈매기들 같이
남해바다가 끝없이 펼쳐주고 있는
시에 취해 잠을 자고 싶다

영혼의 혼인식을 올릴 수 있는 시가 될 때까지
잔잔한 남해바다의 수평선을
시로 곱게 물들이고 있는
남해바다의 해돋이와 해넘이가 되어
목숨을 다할 때까지
남해에 살고 싶다

빗소리를 들으며

옛날 이 우물은
바다 가는 길 입구라네요
동네 사람들은 용궁 가는 길이라며
이 동네 어디쯤 용궁사가 있다 합니다
입으로 입으로
주저리 주저리 전해오는 그 이야기를 들으며
거북이가 토끼를 데리고 가던 용궁을
나도 갈 수 있을는지
상상을 하면서
빗소리를 듣습니다

내 마음 울리는
시의 빗소리를 들으며
바닷속 용궁을 떠올립니다

나의 시여

생을 다 걸어야만 하는
시의 비문(祕文)이나
시의 주문(呪文)을 알아차리지 못한 채
어릿광대 놀이만 되풀이 하고 있는
나의 시를
어찌하면 좋을지

영혼의 무한세계를 사유하는 자유로움으로
현실 세계의 경계를 허무는
위로와 사랑을 줄 수 있어야 하는데도 불구하고
번번이 겉치레에서 맴돌고 있는
나의 시여

노을 비치는 풍경 속으로

윤슬 일렁이는
노을 지는 바다를 하염없이 바라보다
다시 되돌아가야만 하는 시간

남해 동백을 눈에 담아가며
생각에 잠깁니다

내 삶도 어느 날
저 동백꽃처럼 예쁘게 노을 지는 풍경 속으로
사라지면 얼마나 좋을까 하고
생각에 잠깁니다
겨울을 맞고 있는 그대여

그곳에 가면

더 이상 밤새 내 푸념을 받아주고
술잔을 부딪치던 그 사람은 이제 없고
귀밑머리 하얗게 세어버린 그리움만이
하얀 파도 되어 밀려오는 있는
그곳에 가면

푸른 갈매기를 꿈꾸던 그의 노래만이
끼룩끼룩 울며 날며
하얀 손수건을 흔들고 있는
남해바다

그대는 진정 사랑했었는가

그대는 아는가
그대는 생각나는가
그대는 보고 싶은가
그대는 그리운가
그대는 사랑하는가
그 사람을

그대는 잊었는가
그대는 지워버렸는가
그 이름을

슬픔을 기쁨으로 꿈꾸고 싶던
우리들 가슴에 영원히 남아
살고 있는
그 사람을
그 이름을

그대는 진정 사랑했었는가

제 4부
사랑을 잃고 우는 그대에게

사랑을 잃고 우는 그대에게

사랑이
어디 그 사랑만 있나요?

사람들은
세월이 가면 다 잊혀진다 쉽게 이야기하지만
그렇게 쉽게 지울 수 있는
사랑이 어디 있나요?

이생의 인연은
전생의 수 억겁의 기다림과 그리움의 시간 속에
흘린 눈물이 바다가 되고
그 바닷물에 바위가 부딪혀
모래가 되어야
다시 만날 수 있다고
바람이 전하는데

어디 그렇게 쉽게 잊혀질 수 있는
사랑이 있나요?

우리의 동화는

우리의 동화는 끝나지 않을거다
까마귀 몇 날 몇일을 울어도
반가운 손님은 오지 않고

동화를 잃어버리고 살아도
백설공주를 사랑한
일곱 난장이도 되고
소인마을 걸리버도 되자

에밀레종 디롱디롱 종소리 들으며
잃어버린 그 전설이 되자

막이 내린 무대에서 홀로 남겨진
이름 없는 단역 배우 같은 삶으로
하루를 산다 할지라도

백설 공주의 눈을 뜨게 한 왕자처럼
동화의 전설이 되어
그 사람이 주인공이 되는
동화를 쉬지 않고 써가면서 살자

들꽃들의 이름으로

살아가면서
나의 향기와 색깔을 가지고 살 수 있는
시간이 과연 얼마나 될까요?

누구를 위한 이름이 아닌 내 이름을
당당히 부르며 사는 사람이
또 얼마나 있을까요?

들꽃들의 이름을 하나하나 불러주듯
내 이름을 불러주는 그대가 있기에
무명초가 아닌 들꽃들의 이름으로
은은한 사랑의 향기를 풍겨가며
살아갈 수 있지요

풀꽃 같은 삶

비록 아름답기 그지없는 꽃 중의 꽃
장미꽃처럼 살지는 못하더라도
은은한 향내를 풍겨주는 풀꽃 같은
삶으로 살다가
이 세상을 홀가분하게 떠나고 싶다

그리하여 내가 살아온 일생이
풀꽃 같은 홀씨가 되어
보도블록 틈 사이나
갈라진 콘크리트 바닥 틈 사이 같은 사람들의 마음에서
피어나는 풀꽃이 되어
은은한 향내를 풍겨주고 싶다

내가 슬픈 것은

노을이 질 때마다
내가 슬픈 것은
지고 있는 저 노을처럼
사라져 가야만 하는 것이기에
나의 기억들이 모두 하얗게 지워진다 해도
그대의 기억 속에서 만큼은
저 빛깔 고운 노을처럼
아름다운 추억으로 남아있길
염원하는데도 불구하고
사라져 가고 있는 노을을
그저 바라볼 수 밖에 없듯이

내가 슬픈 것은
잊을 수도 없고 잊히지도 않는
아름다운 그런 사람으로 기억되길 원하지만
사라져 가고 마는
아름다운 노을이여

삘기꽃

삘기꽃을 아시나요?

어린 날 깨복쟁이 친구들과 산과 들판으로 뛰어다니며
허기진 배를 채우려 꺾어 먹고 놀다
무덤 위에 나란히 누워
새록새록 행복한 꿈을 꾸던 그 친구들이
그리워지는 날이면

낡은 흑백 사진들을 들춰보며
지금은 다들
어디서 어느 모습으로 살고 있을까?
내 가슴 속에 깨복쟁이 그 모습으로 살아있는
그리움으로 활짝 피어나는
삘기꽃 친구들

어느 봄날

해마다 봄은 오고 또 오지만
봄마다 피는 그 꽃의 색상과 향기가 같을 수 없듯이
그대 또한 시간이 가면 갈수록
변할 수밖에 없는 연둣빛 고운 색깔의 꿈을 아직도 꾸고 있는지
인생이란 이룰 수 없는 미망이기에
언젠가는 그대도 나도
저물어가는 저녁노을 속
풍경이 되어 떠나야 하거늘
떨어지는 꽃잎을 바라보며
꿈속에서 깨어나고 있는
어느 봄날

민들레 홀씨처럼

바람에 날리고 있는
민들레 홀씨를 바라볼 때면
나도 자유롭고 싶다는 생각이 든다

세상 모든 것을
민들레 홀씨처럼
모두 훌훌 털어버리고
바람 부는 대로 날아가고 싶다

빛바란 누더기 삼베 입은 탁발승이
지나온 시간들을 훌훌 털어버리면서
걷고 있듯이
몸에 걸친 세월들을
민들레 홀씨처럼
훌훌 털어버리고 싶은 생각이
간절해진다

나이가 들면 들수록

나이가 들면 들수록
선택해야 하는 삶의 경우의 수가
점점 줄어만 가는 것 같습니다

지나가 버린 추억만을
되새김질하여 살아가기에는
남은 시간이 너무나도 짧기에
떠나버린 첫 사랑이 다시 되돌아오지 않듯이
감추지도 말고
숨기지도 말고
있는 그대로를 사랑하면서
살아가야만 할 것 같습니다

참나리꽃

올해도 우리 동네 그 자리에
활짝 핀 참나리 꽃이
해마다 그 빛깔 그 향기가
같지 않고 달라지고 있듯이
내 삶의 시간도
점점 향기와 색깔을 잃어가고 있는 것만 같아
참나리꽃 속에서
인생이 유수같이 흘러가는 소리를
듣는다

동백꽃

만약 내 삶이 꽃이라면
나는 동백꽃처럼 피다 가고 싶다

온갖 세상 찬바람을 이겨내고
가장 먼저 꽃망울 터뜨리며
세상 많은 사람들에게
봄의 소식을 알리곤

순교하듯
아무도 모르게 소리 없이 사라지는
그런 삶을 살다 가고 싶다

봄 편지

다시 목련이 피는 밤에
떠나간 그대에게 편지를 쓴다

벌써 일 년이 훅 지났다
세월은 참 빠르기도 하다
얼마나 많은 봄을 맞고 보내야
그대에게 갈 수 있을까?

목련이 피고
목련이 지고
그 자리에서 똑같은 세월의 사진을 반복해서 찍듯
다시 목련이 피는
그 봄이 오기만을 기다리는

그대가 내 곁에 올 수 있길
내가 그대에게 갈 수 있길
목련꽃 피는 밤에
그대에게 편지를 쓴다

키다리 아저씨는 이제 없단다

소녀야
첫 사랑 소녀야
네가 기다리는 키다리 아저씨는
이제 더 이상 오지 않을 것 같단다

그 옛날 단발머리 갈래머리로
맑고 맑은 두 눈으로 별을 바라보며
밤을 꼬박 새워가며 문학을 이야기하던
첫사랑의 그 소녀를
이제 더 이상 볼 수 없듯이
네가 기다리는 키다리 아저씨는
이제 더 이상 오지 않을 것 같단다

먼지 내려앉은 낡은 시집 속의
빛바랜 순수의 시간들처럼
반복되는 일상 속에서
초라하게 늙어가고 있는 나를 보고 있노라면
떠나버린 목마를 그리워 하며
술 잔 속에 떨어지는 별을 세듯
그대를 기다리던 시간들이
이제 점점 노을 속으로 사라져 가고 있는 것 같아

소녀야
네가 기다리던 키다리 아저씨는
이제 더 이상 오지 않을 것 같단다

내 삶의 잔고가 줄어들면

우리가 살아가는 삶에도 통장이 있다면
내 삶의 통장 잔고는 얼마나 남아 있을는지

시간이 가면 갈수록 만날 수 있는 사람들이 줄어가고
조건 없이 술 한 잔 나눌 수 있는 자리가 하나둘 없어지며
혼자가 되어
혼밥을 먹고 혼술을 마시는 시간이 많아질수록
지나온 기억들의 시간들이 자꾸 옅어지고
잃어버린 시간들이 많아지는 요즘
내 삶의 통장 잔고는 과연 얼마나 남아 있을는지

무엇 하나 제대로 이루지 못한
지나온 나의 삶을 되돌아보니
내 삶의 통장에 잔고가 남아 있지 않을 것만 같은데
한 편의 멋진 시를 쓸 수 있을 때까지는
어떻게 하든 삶의 통장에
잔고가 남아 있도록 하여야겠다고 생각했다

어린 왕자에게

마흔 네 번의 노을이 질 때마다
나는 슬프다
사는 것은
네가 바라보는 저 노을처럼
사라져야만 하는 것임을
저물어 가는 저 편 고운 빛깔로
사람들의 기억 속에
남을 수는 없을까
어느 날
살아온 나의 기억들이 모두 하얗게 지워지고
백지로 남아도
그대는
잊을 수도 없고 잊혀지지도 않는
그런 사람으로
내가 살아가는 동안
36,500번 노을이 지는 그날까지

영화 '건축학 개론'을 보고

아프지 마라
아프지 마라
지금은 아주 멀리 있어 너를 볼 수 없지만
기억 속 습작의 첫 주인공은
항상 너였음을
고백하노니

세월의 화면이 수없이 바뀌어가는 동안에도
너로부터 멀리 떨어져 있지 않은 거리에서
항상 너를 절실히 보고 싶어 하고 있었음을
잊지 말라

제 5부
청춘사진관에 가면

당구장에서

사는 것이 어디 공식이 있나요

오랜 경험 끝에 감이라고 할까
숙련된 세기의 조절
요행을 바라고 싶지만
살아가는 날처럼 운이 따르지 않네요

비 오는 날 바람 부는 날이 다르듯
제각기 조건에 맞춰 살아가는 수밖에
우리 가는 길이 정해 놓은 꽃길이 아니듯
벗어나면 벗어날수록
맞추기 위해 삼각함수를 배워야 하는

삶은 공식으로 풀리지 않는
견디어 내고 이겨야 할
합격선이 없는 시험

나이를 먹는다는 것은

나이를 먹는다는 것은
무언가를 잃어가는 것일까

어느 날 보고 싶어 전화를 하면
결번 아니면 낯선 사람이 전화를 받거나
카카오톡에서 그 사람 이름이 나도 모르게 사라졌다면
나는 그에게 사용 용도가 없어진
남남의 관계가 되어버렸거나
올해도 많은 사람들이 떠나갔듯
그 사람도 이 세상을 하직한 것은 아닌지

나이를 먹는다는 것은
마치 수명을 다해버린
충전되지 못한 배터리같이
전원이 꺼져가는
컴퓨터 하드디스크 한구석에
지워지지 않은
어느 트랙의 번지수를 찾아 헤매는 것 같아

나이를 먹는다는 것은
희미한 기억속에
하루를 복원하며 살아가야 하는 시간들이다

우리 탐이

우리 탐이는 참 바보 개
출근할 때마다 활활 짖는 개
퇴근할 때는 꼬리를 살랑살랑
간식 앞에선 커다란 눈 초롱초롱
내 말도 알아 듣고
오른손 왼손 두발을 다 들고 춤을 추다
발라당 넘어지며
웃음 한보따리
은행도 까먹고
포도씨도 골라 먹던
우리 탐이는 참 똑똑한 개
삼백일 넘은 해외 출장길
홀로 남은 아내 옆에서
친구처럼 아들같이
우리와 함께 했던
우리 탐이
술 취한 나를 보며 침대 밑으로 줄행랑 치다
아침이면 내 곁에서 코를 골며 새근새근
치킨하면 잠을 자다 벌떡 일어나
꿈벅꿈벅 졸리는 눈 크게 뜨고

샛별 같은 눈으로 나만 바라 보던
이제 사진 속에만 남아 있는 우리 탐이가
나는 너무 너무 보고 싶어요

청춘사진관에 가면

청춘사진관에 가면
섬광처럼 터지는 플래쉬 불빛 사이로
레테의 강을 거슬러
떠나버린 그 사람들이
내게로 되돌아 올 수 있을까요

비릿한 내음
지우고 싶고
버리고 싶던
감춰진 내 지난 시간들
말라버린 가슴 한구석에
현상액 부으면
봇물처럼 터진 슬픔들
인화액으로 녹아내려
봄꽃처럼 흩날리며 한 편의 영화가 될 수 있을까요

청춘사진관에 가면
되돌리고만 싶은
보상 받을 수 없는
나의 청춘의 시간들이
보정할 수 없는
액자 속 한장 사진으로 남고

나는
레테의 강물을
거꾸로 거슬러 모천으로 회귀하는
한마리 연어가 된다

낙서를 보며

지친 하루의 일상을 끝내고
사람들이 멍든 가슴을 달래려고 찾는
허름한 식당의 벽면 가득히 채워진 낙서 속에서
어느 가난한 연인들의 가슴 아픈 사랑을 비롯하여
갈 곳을 찾지 못한 젊은 청춘들의 울분과
잃어버린 제 자리를 찾기 위한 어느 중년 사내의 외침 같은
이곳을 다녀간 그들의 이야기들이
소주잔에 녹아내려 나를 취하게 하면
내 하루의 삶의 멍울들이 말끔히 다 지워지며
새로운 내일을 살게 한다

치과에서

오랜 시간을 기쁨도 슬픔도 아픔도 나와 같이하며
내가 살아왔던 그 많은 시간 속의 기억들을
모두 알고 있는 너는
헛된 욕망 같은 달콤한 세월 속에서 나를 깨우치려
고통으로 불면의 날을 지새우게 했고

세상살이 부딪히고 깨어지며
상처 난 자리 붙이고 메울 때면
언제나 새로운 희망을 주던 너였기에
세월의 풍파에 밀려 흔들리다 늙어버린 나는
이제 더 이상 너와 함께할 수 없음에
심장 한쪽이 떨어나가는 듯한 아련한 아픔 속에
영원히 너를 떠나보낸다

불량품을 보며

시장에서 되돌아온 제품들이
무엇이 잘못되었는지
이곳저곳을 아무리 살펴보아도 알 수가 없다

한 올 한 올 실타래 같은 배선들이
마치 꼬여버린 인생길 같은데
신호를 주어도 반응이 없고
껌벅껌벅 부팅되지 못하는 컴퓨터처럼
제 기능을 상실해 버린
불량 제품 원인을 찾다 보니
나의 삶도 목표를 잃어버리고
방황하고 있지 않는가 생각을 하게 된다

폐기 제품으로 버려지는 불량품 인생이 되지 않기 위해서는
그동안 살아온 세월들을 다시 점검하고
사고를 교체하여
삶의 막혀버린 불량을 고쳐 나가야겠다

나의 인생

인생이란
살아가는 연습을 할 수 없는
풀 수 없는 난제의 시험인지

정답을 알 수 없는 하루하루를
스스로 선택하여
살아가고 있는
나의 하루

과연 이 시험이 끝난 뒤의
나의 점수는
몇 점이나 될는 지

합격도
불합격도
커트라인도 알려 주지 않는

예상 문제를 가늠할 수 없는
나의 인생

장례식장에서

옛날 회사 동료 부모님 부고 소식에
휴일이면 울리지 않는 전화기의 요란한 울림에
무료함의 잠에서 깨어나 생각에 잠긴다

잊혀지는 관계 속에서
나를 지금까지 잊지 않고 있다는 것은
기뻐해야 할 일인지
아니면 지금껏 지워지지 않은
흔적이 있는 것인지 모르겠지만
한참을 망설이고 망설이다
옷을 챙겨 입고 집을 나선다

늦은 오후 시간
문상객들이 거의 다 빠져나가고
지친 상주들이 졸음으로 힘겨워할 때
생전에 한 번도 뵙거나 한마디 대화를 나눈 적도 없는
고인에게 향을 피우고 절을 올리는 데
"내 마지막 잔치에 와주어 고맙네
즐겁게 놀다 가게나"
들리는 소리에 깜짝 놀라 일어서니
영정 속의 고인이 나를 바라보며 환히 웃고 있는 것이 아닌가

상주와 인사를 나누고
장례식장을 나서면서
그동안 잊고 있었던 먼저 떠나간
그리운 사람들을 하나하나 떠올리다 보니
먼 훗날
영정 속의 내 모습이 떠올려지는 것이었다

매미

폭염에 지친 여름밤이면
선잠을 깨우는 매미의 시끄러운 울음소리에
짜증을 내다 문득 생각한다
매미가 우는 이유를

달이 차고 기울기까지의 시간만을 살기 위해
알에서 애벌레로 번데기에서 깨어나기까지
7년이란 세월을 땅속에서
기다림의 시간을 살아왔기에
세상에 살아있음을 당차게 알리며
짝을 찾기 위해 처절하고 처연한 사랑 노래를 부르고 있는
매미들을 생각하니

나는 언제 저 매미들처럼
사랑 노래를 목이 터지도록 불러본 적이 있으며
하루의 시간을 저렇게 치열하게 살아본 적이 있었는지
매미의 울음소리를 들으면서
지나온 나의 삶을 뒤돌아본다

순정만화

그대와 나는
이제 순정만화의 주인공은 될 수 없다

세상살이는 습작을 할 수 없는 실전이기에
삶이란 채우고 채워도
늘 빈 공간이 남아있고
꿈을 완성하지 못한 채
떠날 수밖에 없는 미완성의 인생이어도
그대와 나의 인생 순정만화는
마침표를 찍을 수밖에 없는

탈고가 필요 없는
늘 새로운 이야기를 그려야 하는 원고이다

떠나보내며

가눌 수 없는 슬픔이
파도처럼 밀려오는 아침
나는 울음 참는 갈대 되어
바람에 흔들립니다

16년 나와 함께 했던 너를
떠나보내며
가슴 시린
바람찬 아침

안녕
안녕
내 가슴속 이별의 손수건이
손을 흔들고 있네요

소원

해가 지고 있는 수평선에
그리움 등불 하나 켜놓고
회상에 잠겨있는 시간

수평선 너머로
지고 있는 아름다운 노을처럼
추억들이 아름다운 풍경으로 떠올라
그때마다 차마 하지 못했던 고백들을
아름다운 노을로
그대 가슴을 물들이며
한 편의 시가 되고 싶은
나의 절절한 소원이

사랑의 등불을 환하게 밝히고 있는
수평선

허언

'또 하나의 약속' 영화 속에
마지막 엔딩 음악
'그대 떠난 후 나는 혼자였네
묻지 않았지 왜 나를 떠났느냐고'
유언 같은 노래를 남기고 떠나간
그녀의 노래는
늘 나를 울린다

들불처럼 여기저기
혼불처럼 그녀가 살아나
철옹성 같은 장벽이 무너지고
열악한 환경 속에 쓰러진 그녀의 진실들이
세상에 드러나고 마침내 그들이 고개를 숙였지만
그러나 현실은 거기까지 였다

그녀 이름은 많은 사건과 사고 속에 잊히고
또 하나의 약속들을 끝내 지키지 못하고
많은 사람들이 떠나갔다

구의역에서
태안발전소에서
평택항 컨테이너 하역장에서

꽃다운 청춘들이 피지 못하고 쓰러지고 있는
그녀의 슬픈 노래의 릴레이

하루가 멀다 하고
그 누구의 아버지와 어머니와 아들과 딸들이
사고라는 이름으로 세상을 떠나가고 있지만
저녁이면 그들의 사연들은 연기처럼 사라지고 있는
허언

얼마나 많은 사람들이 떠나야
세상이 바뀔 수 있을까

고향(故鄉)

칠백리
굽이굽이 돌고 돌아
지친 물결 쉬어 가는 곳
앞산
뒷개울
마주보며
정다운 이야기 나누는 곳

여덟 달
젖먹이 키우신
내 할매
한숨과 기쁨이 함께
흐르는 그 곳

개울가
멱감는 개구장이
꿈들이 피어나는 곳
통통배 띄우는
담배갑 추억 속에
대나무 회초리 무서움
살아있는 곳

홀로 되신
우리 할매 굽어진 허리만큼
지나간 세월 속에
개구쟁이 아이 어른되었지만
떠나는 차창
메이는 가슴 어찌 못해
눈물만 훔치는
나의 고향

위안이 될 수 있는 시(詩)

얼마나 많은 사람들이 이 세상을 떠나야
세상이 바뀔 수 있을까

아들을 먼저 보낸 어머니의 절규 앞에
목숨 값을 돈으로 합의를 종용하는
세상 속에서
흥정할 줄 모르는 어머니의 슬픔의 눈물을
과연 누가 닦아줄 수 있을는지

나의 시가 그런 어머니의
아주 조그마한 위안이 될 수 있다면
그런 어머니의 슬픔의 노래가
강물이 되어
이 세상에 잔잔히 흐르도록
시를 쓴다
나는

에필로그

아들에게

아들아보고싶은아들아이렇게너의이름을불러보는것이얼마만인지너와나의거리가너무멀어내목소리를니가들을수있을까보고싶다고만나고싶다말을하고싶어도너를낳아준것말고해준것하나없는이애미는차마목이메어부르지못한너의이름을이제야불러본다

한세상을살면서도이못난애미로인하여너에게짐이되지않을까노심초사하면서너가잘되고성공하기만을하느님께기도하고또기도했다

세상에맨처음너를만났을때나는다짐했다너하나만은세상누구보다잘키우고남들이해주는것을다해주며훌륭한사람으로만들겠다했지만아들아살아보니그것이내뜻대로되지는않더라연달아태어나는네동생들과원래가진것하나없는궁핍한생활은나아지지는않고야생마같이살아온네아버지방황은한달도채우지못하고회사를옮겨다니고불같은그성질로제대로된월급을가져다주지못해봉지쌀로너희를키웠지만아무리발버둥을쳐도생활이나아지기는커녕점점쪼그라드는생활에니가그렇게가고싶은길을열어주지못하고절대로하기싫다는그길을보낼수밖에없었다아들아그때그일은이애미가평생을후회하고후회하며평생한으로가슴맺히는일이었음을아들아나는너가애미의그결정을그마음을꼭알아주었음한다아들아정말로미안하고미안하구나

그렇게너가적성에도성격에도맞지않는공부를하며손재주가없는너가기술을배우며얼마나힘들어했는지대학에대한미련을버리지못한너의갈등과너의꿈들이무너지는좌절을곁에서지켜보면서너보다내가몇배몇천배는더아프고아프더라애미는너의마음을너무잘안다니애비를닮지않을려고너가첫직장에서이력서한줄로살아남기위해얼마나발버둥을치며땀과눈물로점철된그수많은시간들다람쥐쳇바퀴같이돌고돌아가는회사생활에서탈출구를찾기위해

시작한시와문학에대한집착과바보스럽게너를희생하며매달리며 살아왔는지를그노력의결과로너가시인으로등단하고첫시집을나 에게줄때애미는정말기뻤다나와너를길러준할머니에대한절절한 맘이담긴너의시집을읽고또읽으며나는울고또울며내아들이얼마 나대견하고자랑스럽든지세상많은사람들에게크게너의자랑을하 고싶더구나

아들아사람사는일참뜻대로되지않더구나내속을무던히태우고태 운너의결혼도너의평생천상배필을맞아이루어지는것을보니세상 에는다짝이있더구나결혼후달라진너의모습을보면서나는참행복 했다알콩달콩살아가는너희부부모습을보며애미는이제눈을감아 도되겠다싶었다

아들아사람사는일이별다른것이없다특히부부의일이란너가더많 이이해해주고더많이사랑해주고받을려고만하지말고더많이줄려 고하면되는되는것임을너는어렵고잘풀리지않는일들을항상너혼 자해결하고자하는데백지장도맞들면낫다하지않더냐힘들고어려 운일일수록의논하고해결방법을찾으면세상에풀리지않는일이없 지않을까너속에다너를가두고감추어두면너의마음을누가알아줄 수있을까제발너스스로감옥과지옥을만드는우를범하지않기를애 미는바란다속울음을며참고참는것이세상사는일에아무도움이되 지않음을너도이제알고있지않더냐

아들아남들은너무의식하지말고너는너가잘하고좋아하는일을하 면좋겠다주변사람들이너의인생을대신살아주지않는다너는천성 이너무착해다른사람을너무생각하고사는것너의아주큰단점이며 약점이다그것을악용하여너를이용하고자하는사람들이세상에는 너무도많다그로인하여너의결정이흔들리고손해을보며사람관계 로아파하는너의모습이애미는너무안쓰럽다주변사람에너무상처

받지말고너는깊고많은정을주지않았음한다

아들아애미는너가좋아하는시와문학을너의천직으로생각하고평생계속하여그길을갔음좋겠다너무어려운글을쓰지말고지금처럼사람사는이야기를하면좋겠다물론너가더유명해지고세상에이름을널리알리는베스트셀러작가가되면더할바없지만그것이얼마나힘들고어려운일임을안다혹그것에만너무매달리면너자신의글과처음의순수함을잃어버릴수있음을알고지금처럼변하지않고묵묵히너의길을가기를바란다네가쓰는이야기를세상에서오직한사람만알아준다면행복하다생각하며니가살아가는이야기를사람들이먹고사는소소한이야기들로상처받고살아가는사람들에게위안과기쁨을줄수있는시인으로작가로세상일에너무얽매이지않고자유로운영혼으로네가살았음좋겠다

세상에하고싶은일을해도짧기만한인생기싫은일들을억지로하지않기를아들아돈은많음많을수록좋겠지만너무돈에만집착하지는말고살아라돈으로살수없고돈으로만되지않는일도많음을항상생각하고살면서소중한것을잃지않도록가까이있는사람에게상처주는말하지말고가까운사람을소중하게생각하고늘고마워하며감사하는맘으로하루하루를살았음한다애미가먼저세상을살다보니사는것이정말잠깐이더구나늘사랑하며사랑하며살아라

아들아너는말이너무없고힘들고어려운일이있으면술로해결하려고술을너무많이마시더구나술은잠시잠깐의위로가될수있지만술로만해결할수일들이없음을절대잊지않기를간곡히부탁한다애미는너의건강이늘걱정이다부탁하고부탁하니사회생활을하며술을안마실수는없지만적당히적당히너의몸에벌써찾아온경고음을그냥지나치지말고항상조심하기를술의힘을빌어가슴속에담아둔것을풀어놓는바보같은일하지말고글을쓰기위해술을마신다는궤변

을하지말거라술에취하여쓴글이올바른글이될수있을까그글을읽는사람들이술주정으로생각할수도있음을꼭기억해라

아들아그립고보고싶고만나고픈사랑하는내아들진욱아너는애미처럼살지말고너가하고싶은일다하고구경하고싶은곳다보고먹고싶은것다먹고멋진인생오래오래행복하게살다어느먼훗날하늘이너를부르면그때에애미에게오렴사랑하는내아들아

케이-콘텐츠

내어머니를위한
연가
戀歌

1쇄 발행일 _ 2024년 12월 18일
2쇄 발행일 _ 2024년 12월 25일

지은이 _ 배진욱, 펴낸이 _ 최문희, 펴낸곳 _ 케이-콘텐츠
출판사 등록일 _ 2022년 2월 10일
moon3713@hanmail.net 케이-콘텐츠

ISBN 979-11-987355-3-9 (03800)

값 12,000원

* 잘못된 책은 교환해 드립니다.
* 저자와의 협의로 인지는 생략합니다.

도서의 국립중앙도서관 출판예정도서 목록(CIP)은 서지정보유통지원 시스템 홈페이지(http://seoji.go.kr)와 국가 자료공동목록 시스템(http://www.ni.go.kr/kolisnet)에서 이용하실 수 있습니다.

ISBN 979-11-987355-3-9